DISCOURS

PRONONCÉ A LA

DISTRIBUTION DES PRIX

DE L'ÉCOLE BELSUNCE

le 1er Août 1876

ÉCOLE BELSUNCE

(ANCIEN COLLÉGE CATHOLIQUE DU SACRÉ-CŒUR)

Boulevard du Nord, 28 A, Marseille

HONNEURS ET JOIES

DISCOURS

Prononcé le 1ᵉʳ Août 1876

A LA

DISTRIBUTION SOLENNELLE DES PRIX

PAR

M. l'Abbé F. JAUFFRET

SUPÉRIEUR DE L'ÉCOLE BELSUNCE

MARSEILLE

TYPOGRAPHIE MARIUS OLIVE

RUE SAINTE, 39

—

1876

HONNEURS ET JOIES

DISCOURS

PRONONCÉ A LA

DISTRIBUTION SOLENNELLE DES PRIX

DE L'ECOLE BELSUNCE

PAR

M. l'Abbé F. JAUFFRET, Supérieur de l'École.

———————

Monsieur le Vicaire-Général,

Messieurs,

Chers Élèves.

Le voyageur, seul, dans quelque gorge profonde, se plaît
à interroger l'écho. Les réponses qu'il en reçoit le distraient,
le charment et l'émeuvent. C'est un ami qu'il rencontre, et
volontiers il dialogue avec lui.

N'est-il pas vrai que les mêmes sentiments nous saisis-
sent, quand, nous arrêtant un instant dans le chemin de la
vie, notre pensée se rejette en arrière et s'en va heurter, pour
en tirer aussi un écho, les murs du collége où nous avons

vécu. Ces murs nous répondent, et les mots qui en jaillissent ne sont-ils pas, je vous le demande : Honneurs et joies ?

A cette distance, les notes discordantes s'évanouissent, eux seuls ont assez d'acuité pour franchir l'espace. Ces échos harmonieux arrivent du passé à l'oreille du vieillard comme une tiède brise du printemps, et son cœur en est tout réchauffé. Ils dominent le tumulte qui assourdit l'homme livré aux affaires, ils le poursuivent au milieu de ses absorbantes préoccupations, et lui arrachent plus d'un regret. Le jeune homme, dans l'enivrement des passions, les entend, heureux, si au lieu de les chasser comme des importuns, il en accepte les sages conseils.

Ecoutons-les à notre tour. Je vous y invite, Messsieurs et Chers Elèves. Nous qui ne sommes plus écoliers y trouverons quelque plaisir, et vous, mes aimés auditeurs, j'ose l'affirmer, quelque profit.

Vu de près et comme à la loupe, le collége présente bien quelques aspérités. Maints écervelés y réclament la liberté à plus forte dose. Coursiers impatients, ils piaffent sous le joug qui les dompte et mordent le frein qui les guide. Ce frein tenace les retient sur le bord de l'abime.— Qu'importe. C'est une gène.

D'autres trouvent bien osée la cloche du matin qui devance l'aurore et bien impertinent le gaz de l'étude qui prolonge la durée du jour. Ils voudraient réformer tout cela, et choisir le soleil pour leur seule horloge : se lever avec lui, et avec lui se coucher.

Le maître qui redresse les déviations, élague les défauts, arrondit les angles, donne au caractere cet indispensable poli qu'on exige dans le monde. pour combien d'écoliers est-il autre chose qu'importun ?

Que de *desiderata* au réfectoire ! et, au dortoir, que de fort manvaises nuits sur le sommier criard !

Mais pour ces quelques ombres que de claire lumière au tableau .

Quand l'enfant franchit le seuil d'un collége chrétien, une foule de mains se tendent vers lui et serrent les siennes. Pour un frére qu'il a laissé sous le toit paternel il en retrouve des centaines ici. A quel âge l'âme est-elle plus ouverte, et les amitiés plus fraiches et plus pures ? Ce qui est à l'un est à tous. Les vainqueurs n'ont pas d'orgueil, les vaincus pas de haine. Ils ignorent les inégalités de la richesse. Tous sont soumis au même réglement. et le mérite seul établit entre eux des distinctions que nul ne jalouse. — Qui ne rit encore de ces subites colères qu'une plaisanterie excitait, et que calmait un autre bon mot. Le pugilat le plus ardent se ter—minait d'ordinaire par une fraternelle accolade.

Il vous souvient sûrement encore des premiers orages que votre âme eut à essuyer. Le ciel était noir, l'agitation vio-lente : le gouvenail se brisait. Déjà balloté par les flots, poussé contre les écueils, vous alliez être englouti. Mais voilà qu'un pilote habile s'empare de votre cœur. Il en dirige la marche au milieu des récifs. Il dit une parole, la tempête se tait, vous êtes sauvé.

Ce pilote, ce fut un prêtre qui lisait dans votre âme comme dans un livre ouvert. Ce fut un maître respecté dont les conseils judicieux s'imposaient à votre raison et illuminaient vos pas. Au milieu des haines interessées qui pullulent dans le monde, le souvenir de leur inaltérable affection mouille vos yeux de larmes. Ce fut surtout le suprême consolateur du tabernacle. Une minute à ses pieds rendait la quiétude au cœur troublé, comme sa parole autrefois apaisait les flots du lac de Génésareth.

Cette piété expansive, cette filiale confiance de nos élèves en leurs maîtres a pour heureuse conséquence de leur donner l'habitude de la franchise et d'une grande ouverture de cœur. Quand l'âme des enfants est ainsi transparente aux yeux du père, la dissimulation n'a plus d'objet. L'âme devient un limpide cristal qui scintille de l'éclat de la loyauté, de la probité et de l'honneur. Je ne sache pas de meilleure base d'éducation.

Depuis notre séjour au collège nous avons eu l'occasion de voir se deployer sous les arceaux des cathédrales les pompes majestueuses du culte catholique. Je ne me trompe pas en affirmant que les pieuses cérémonies de notre humble chapelle nous impressionnaient davantage. Première communion, clôtures de retraite, visites de l'Evêque, fêtes fraternelles de nos congrégations, quels doux souvenirs ne réveillez-vous pas dans nos âmes peut-être à demi-blasées !

De quel délicieux parfum ne ne les embaumez-vous pas ? Combien d'anciens hôtes de cette maison rentrent indifférents, après une longue absence, dans la chapelle du collége et y sont pris d'une subite émotion. Leurs yeux ont revu la place qu'ils occupaient sur ces mêmes bancs, et ils ont retrouvé là, comme les attendant, leur piété d'autrefois.

La vie est si raboteuse que la nature, quelque âge que l'on ait atteint, se refuserait à recommencer la carrière déjà parcourue. Volontiers, néanmoins, on rencontre, à la portée de la main, sur la rude pente que l'on gravit, les fraîches fleurs qui bordaient autrefois la route, sourires du passé qui maintenant nous consolent et nous soutiennent.

Ce que je dis des nobles aspirations du cœur, je le dis aussi des légitimes satisfactions de l'amour-propre. Ces sentiments, à mesure que l'on grandit, changent d'objet, mais ils ne gagnent ni en suavité, ni en force ; ils n'apportent pas à l'âme plus de réelle allégresse.

J'en appelle au témoignage de ceux, qui, dans les lettres, dans les armes, ou dans l'Eglise, ont obtenu des distinctions méritées. S'ils prenaient la parole ici ils nous diraient que ces honneurs ne les ont pas fait tressaillir plus que leurs premières victoires scolaires.

La lutte est vive sur les bancs du collége. Elle se poursuit pendant les études et les classes ; elle continue pendant les récréations et les congés. Le combat a eu lieu. Les vainqueurs sont inscrits sur le tableau si justement appelé tableau d'honneur. Avec quelle joie et quelle noble fierté l'enfant, au jour du parloir, montre à son père et à sa mère son nom porté le premier sur la page triomphale.

Et les lauriers qui se cueillent en ce jour se fanent-ils jamais? Ils emplissent l'âme d'un sentiment d'allégresse qui se multiplie de la joie intense que la victoire procure à la famille entière. Non, plus tard, les succès de salon ou d'académie, de tribune et de bataille ne donneront pas un tel enivrement.

C'est pour répondre à ce besoin légitime du cœur, pour entretenir en lui fournissant un aliment, cette ardente émulation du bien, que nous multiplions les occasions où les intelligences d'élite peuvent s'affirmer et jouir de la distinction qui leur est due. C'est l'apprentissage de la vie.

Ainsi on n'estime pas comme un mince honneur d'appartenir à l'académie du collège. Si un mot irrévérencieux est prononcé à son endroit, ou quelque épigramme aiguisée contre elle, un candidat évincé, ici comme ailleurs, est le seul coupable. L'académie a pris pour devise : *A flore fructus*. Elle la justifie. Ce précoce épanouissement de jeunes intelligences a toujours exercé sur les esprits déjà mûrs un vrai charme. Les fruits qui en naissent possèdent une particulière saveur. C'est attesté par deux gracieux volumes de poésie sortis de ses cartons, l'un en 1841, l'autre en 1865.

La prose eut fourni un aussi riche butin ; mais plus modeste, elle s'est reconnue moins séduisante et a préféré demeurer au logis.

L'académie aurait tout aussi bien pu choisir pour de—

vise · *Apis a flore*. Et pourquoi une abeille ici ? C'est que l'académie fut de son temps et ne s'abstint pas de créer une alerte petit journal qui vécut plusieurs années, autant que le permirent les nouvelles exigences des examens. Cette feuille avait pour titre : *L'Abeille*. Elle indiquait par là qu'issue de l'académie comme d'une ruche, elle se nourrissait des meilleurs sucs des classes, comme son modèle du nectar des fleurs. En prenant congé de ses lecteurs, à la fin de l'année scolaire 1869, elle l'exprimait elle-même. Ce sera ma seule citation :

« Chers lecteurs, — c'est pour la dernière fois de cette
· année qu'il m'est donné de bourdonner à votre oreille. Je
« suis tout attristée d'avoir ainsi à rentrer dans mon al-
« véole. Si je suis parvenue à distiller quelques rayons de
« miel, c'est à vous que je le dois. Vous étiez le parterre
« émaillé de fleurs où j'allais puiser mes sucs. Sans vous,
« aimables et bons lecteurs, bien pauvre eut été mon butin,
« et bien exigus mes rayons. Il m'a été facile d'oublier
« que j'étais armée d'un dard, alors que je ne rencontrais
« que des protecteurs et des amis. Souvenir précieux qui
« trompera l'ennui de ma longue retraite ! Vous allez être
« transplantés sur un autre sol, mes petits amis, ayez soin
« de garder intactes vos corolles odorantes, oui, gardez-les
« bien pures pour le temps où reviendra votre

« ABEILLE ».

Quel charme ne serait-ce pas pour un grand nombre de

ceux qui m'écoutent, malgré le mélancolique soupir
d'Horace :

> Ehen ! fugaces, Posthume, Posthume,
> Labuntur anni...........

de fouiller dans ces archives, de remuer cette poussière
des années écoulées, et de retrouver dans toute la fraîcheur
de leur jeunesse les sentiments et les inspirations d'autrefois.
Ce souffle d'enthousiasme qui donna de l'élan à la première
ode du poëte ne serait pas éteint encore. Cette idylle
cueillie aux champs dans une promenade rêveuse aurait
gardé son parfum. La fable et le conte auraient conservé
leur malicieux humour ; et les larmes ne seraient point
séchées sur la page où l'on chantait avec tristesse la mort
d'un ami. Epinglons à cette liasse de papiers jaunis le triolet
qu'un vieil écolier avait donné pour épigraphe au recueil de
ses rimes imberbes d'antan.

> Souvenirs de douces années,
> J'ai voulu vous garder, mes vers,
> Comme ces tendres fleurs fanées,
> Souvenirs de douces années,
> Jadis par l'amitié données,
> Que l'on garde de longs hivers,
> Souvenirs de douces années,
> J'ai voulu vous garder, mes vers.

Puisque nous sommes sur la pente, faisons des aveux

complets. Disons qu'un académicien, un académicien ! osa · monter sur les tréteaux. Il y était principal acteur dans un drame qu'il avait lui-même composé. C'était un proverbe : *A bon chat bon rat*. Depuis il a agrandi son théâtre et sa plume féconde en plus d'un genre soutient sans trève ni merci les bons combats.

Ces sortes de récréations sont, dans la maison, de désopilante mémoire. Elles passent d'une génération d'écoliers à l'autre, éveillant toujours parmi les jeunes auditeurs la plus innocente comme la plus franche gaité. On en sait bien quelque peu par cœur les saillies et les costumes, qu'importe, le rire ne perd pas ses droits.

On aborde aussi le pathétique, et j'ai vu plusieurs fois, à des scènes vraiment émouvantes. de réelles larmes mouiller de grands mouchoirs.

Des œuvres magistrales ont été essayées sous la direction d'un habile maître. Je ne citerai que les scènes classiques du *Misanthrope* et les belles scènes des *Enfants d'Edouard* et de *Louis XI* de Casimir Delavigne.

Ces exercices ont de l'intérêt. ils ont aussi une utilité. L'enfant se forme à la bonne diction, il y perd sa timidité gauche et y prend de la tenue, choses précieuses à cet âge.

Qu'on ne se hâte pas de nous accuser de frivolité et de dédaigner le classique. Je réponds.

Le 6 Juin 1864, Monseigneur Cruice conviait LL. EE. les cardinaux de Villecour et Pitra, plusieurs évêques, l'élite de la société marseillaise, à un spectacle inaccoutumé. Les élèves du Collége Catholique exécutaient une tragédie de Sophocle, *Philoctète*, dans l'idiôme de nos ancêtres, en grec. On loua beaucoup la mise en scène, l'illusion des décors, la richesse et l'exactitude historique des costumes. les évolutions lentes et sobres du chœur sur la timélé, la note grave et quasi religieuse des chants : mais je dois le dire sans fausse modestie, les acteurs, tous élèves, enlevèrent les plus chaleureux applaudissements de leurs augustes et savants auditeurs. bien capables d'apprécier par eux-mêmes les difficultés vaincues. Ils surprirent par leur excellente tenue et leur naturel, par la fidélité d'une mémoire qui ne se démentait pas. et par l'aisance avec laquelle ils s'exprimaient en grec. La diction ne paraissait pas les préoccuper et ne gênait en rien l'action. C'était le résultat d'une longue et sérieuse préparation dans les classes. On n'oserait dire que ce fut au détriment des fortes études.

Arriver à ce degré de perfection dans une telle œuvre, sans omettre un seul vers des longues tirades de la tragédie, une seule strophe des chœurs difficiles, c'était tout simplement, pour des écoliers, un vrai tour de force. Honneur à ceux qui l'ont préparé, honneur à ceux qui l'ont accompli. On me pardonnera cet élan alors que j'évoque ici le souvenir de nos joies et de nos gloires scolaires.

Le fait en deux ans se reproduisit trois fois. Il est à croire que depuis les temps antiques on n'avait pas essayé pareille entreprise à Marseille. Seul. Monseigneur Dupanloup, en homme, comme on le dit alors qui connaît la fin du métier, nous avait devancés dans cette voie. Cette tragédie de Philoctète avait été exécutée par les élèves du Petit-Séminaire de la chapelle St-Mesmin, dont Monseigneur Dupanloup était alors le supérieur.

D'aucuns, peut-être, eussent préféré quelque délassement moins grave, toute autre chose qu'une version grecque en scène. Rappelons à ces esprits que le culte de l'antique ne passionne pas, que sous notre toit les belles-lettres n'étouffent pas les beaux-arts. Ces derniers se sont piqués d'émulation, et, plus bruyantes que leurs sœurs, ils ont soutenu facilement la lutte. Les jours de triomphe ne leur ont pas manqué. En 1870, on les applaudissait dans l'ode-symphonie de Félicien David, *Le Désert*, en 1874 dans le *Christophe-Colomb* du même maître.

Je vais au-devant d'un reproche que je surprends sur les lèvres de quelques positivistes en matière d'enseignement : Que de temps perdu, disent-ils !

Et quoi ! voudrait-on interdire à l'oiseau de chanter dans sa cage ? Voudrait-on imposer à l'écolier l'austérité du cloitre, ou la rigidité de la caserne ? Hélas ! ce ne sont pas les beaux-arts qu'on pourrait appeler le phylloxera des études, mais bien la paresse. Voilà le vrai fléau. Or, la paresse est fille de l'ennui. Que la brise s'endorme sur le lac aux eaux limpides de manière à ne plus en agiter les flots. Cette onde pure se corrompra et deviendra pestilentielle.

Victor de Laprade, dans son livre de l'*Éducation libérale*, sous un aspect paradoxal parfois, mais avec une parfaite justesse d'idées, s'élève contre le système d'une compression exagérée pour les enfants et les jeunes gens. « L'éducation. dit-il, ne doit-elle pas être un accroissement de la vie sous toutes ses formes ? Et si les maisons et les méthodes qui la dispensent ne rendent pas le jeune homme plus sain et plus énergique. plus vivant de corps et d'esprit, plus ardent pour l'action et pour l'étude. à quoi servent elles ? Faire un homme. est-ce déposer dans la cervelle d'un enfant une certaine dose de latin, de grec. d'histoire, de physique ? Suffit-il de n'avoir pas ruiné son tempérament pour avoir investi ce jeune corps de la santé, de la beauté, de la vigueur que lui devait l'éducation ? Que de jeunes âmes nées pour penser avec la raison, et qui, de nos jours. ne font plus que rêver avec les nerfs. »

La joie est essentiellement moralisatrice, et nous voulons que nos enfants l'entretiennent dans leur cœur et la laissent éclater au dehors. L'exubérance de la vie aura là son épanchement naturel. les muscles se fortifieront et les saines études fleuriront plus aisément.

Laissez retentir leurs joyeuses fanfares. Souffrez gaiment le bruit de leurs clairons et l'assourdissant tapage de leurs tambours. — Gardez-vous de ralentir leur marche, quand, sous leur sac de touriste, le bâton à la main, ils partent, au pas redoublé, pour quelque longue excursion. Rien de plus allègre et de plus vivifiant que ces promenades par monts et par vaux dans la campagne. l'entomologiste y fait son butin, le botaniste sa gerbe de fleurs. Le géologue se charge de lourds fossiles. Le poëte cueille des rimes aux buissons, le philosophe rencontre quelque aperçu nouveau. Tous y respirent à pleins poumons ces salubres arômes qui décu‑plent l'activité de l'intelligence et les forces de la santé.

Ces choses ne sont pas une révélation pour vous, mes chers enfants, et je sais que vous avez au cœur le ferme désir de continuer les traditions du passé. Les annales vous en sont familières, et c'est avec bonheur que vos maîtres vous voient occupés à écrire cette page de votre histoire que vous lirez plus tard avec fierté. L'émulation n'est pas le moindre de vos devoirs. Vous en acceptez les obligations et vous vous êtes promis d'atteindre les sommets qu'ont gravis vos devanciers.

Vous êtes encore à l'âge des espérances, mes chers en‑fants, multipliez les actes de généreuse volonté qui trem‑pent le caractère, laissez-vous façonner par cette éducation chrétienne qui humanise le cœur, passionnez-vous pour ces études sérieuses qui fécondent l'intelligence. C'est ainsi que dans l'enceinte du collége, vous préparerez vos succès futurs, et quand, au déclin de la vie, l'âge des souvenirs sera arrivé pour vous, les souvenirs que votre mémoire évoquera seront sans tristesse : ils viendront à vous pour égayer et pour honorer vos cheveux blancs.

L'abbé de Broves, dans un livre récent où il fait preuve d'une sagace philosophie, nous rappelle que cette prévision de l'avenir est le conseil que Caton ne se lassait pas de donner à ses disciples : « Ne vous hâtez point de bâtir, plantez jusqu'à trente ans, et construisez ensuite votre maison sous les ombrages que vous avez fait naître et que vous avez vu grandir. »

Monsieur le Vicaire-général, ces deux mots : Honneurs et Joies ! que nous nous plaisons à répéter ici, prennent unes ignification particulière quand c'est devant vous qu'on les prononce.

Honneur au prêtre dont l'aimable humilité s'appliquait à tenir cachés des talents que le regard intelligent de l'Evêque à su découvrir. Lui seul a été surpris de son élévation.

Joie pour nous qui l'applaudissons. L'égalité a disparu, mais nos sympathies sont montées avec lui. Ce qui charge ses épaules réjouit nos cœurs.

Monseigneur, entre Sa Grandeur et nous, ne pouvait pas choisir un interprète qui nous agréât mieux et qui sût mieux traduire et transmettre nos sentiments

Certains jours de l'année portent à un rare degré d'intensité dans nos âmes, unis ensemble, et le sentiment de l'honneur et le sentiment de la joie Ce sont ceux qui amènent au milieu de nous notre Evêque vénéré et aimé. D'autres enfants s'enorgueillissent du mâle courage et de l'énergique éloquence de leur Père, ils le nomment Dupanloup ou Freppel : d'autres se pénétrent de son onctueuse parole, ils le nomment Pie ou de la Bouillerie; d'autres encore contemplent avec amour l'auréole de sainteté qui resplendit autour de son front, ils le nomment Rivet ou Guibert. Pour nous, heureux enfants, courage, éloquence, science et piété chez notre Père appellent à la fois notre affection. A lui nos cœurs !

A la fin d'une longue carrière celui qui l'a noblement remplie et qui la voit couronnée d'honneurs mérités, jette les yeux, avec une singulière émotion, sur cette petite couche, gardée comme une relique précieuse, dans laquelle il y a bien des années, sa mère le balançait doucement. Ce berceau contenait alors toutes les espérances maternelles.

Parcourez, mes chers enfants, si dignement votre carrière, remplissez-là de tant de gloire qu'un jour vous éprouviez les mêmes émotions en revoyant ce collége qui fut votre berceau.

Je puis dire que nous y réchauffons nos plus chères espérances. Vous êtes notre famille, vous êtes nos enfants. En dehors de vous, en ce monde, nos cœurs ne connaissent pas d'autres affections. C'est de vous que doivent nous venir : Honneurs et Joies !

HONNEURS ET JOIES

DISCOURS

Prononcé le 1er Août 1876

A LA

DISTRIBUTION SOLENNELLE DES PRIX

PAR

M. l'Abbé F. JAUFFRET

SUPÉRIEUR DE L'ÉCOLE BELSUNCE

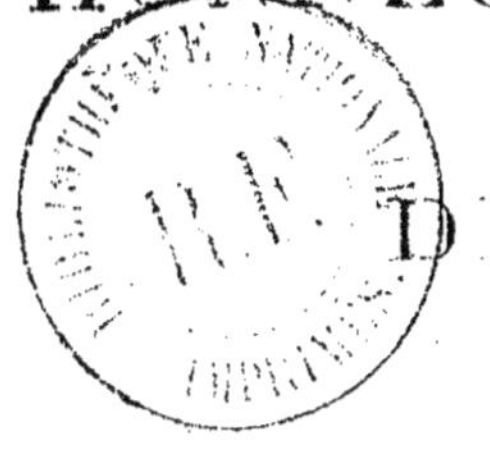

MARSEILLE

TYPOGRAPHIE MARIUS OLIVE

RUE SAINTE, 39

1876

www.ingramcontent.com/pod-product-compliance
Lightning Source LLC
LaVergne TN
LVHW021906180726
843502LV00008B/2904